¡QUÉ DESASTRE!

TSUNAMI

por Joyce Markovics

Consultor:
Paul Whitmore, Director
Centro Nacional de Aviso de Tsunamis
de la Administración Atmosférica y Océanica Nacional

BEARPORT PUBLISHING

New York, New York

Créditos

Cubierta, © AFLO/MAINICHI NEWSPAPER/EPA/Newscom; 4–5, © Stefan Ernst; 6–7, © AFP/
Getty Images; 8–9, © Downunderphotos; 10–11, © littlesam/Shutterstock; 12–13, © Tatiana
Morozova/Alamy; 14–15, © Getty Images; 16–17, © Karin Hildebrand Lau/Shutterstock;
18–19, © AFP/Getty Images; 20–21, © STR/epa/Corbis; 22, © Georgios Alexandris/Shutterstock;
23TL, © Prometheus72/Shutterstock; 23TR, © Mehmet Cetin/Shutterstock; 23BL, © underwater
graphics; 23BR, © AFP/Getty Images.

Editor: Kenn Goin
Editora principal: Joyce Tavolacci
Director creativo: Spencer Brinker
Diseñadora: Debrah Kaiser
Editor de fotografía: We Research Pictures, LLC
Traductora: Eida Del Risco
Editora de español: Queta Fernandez

Datos de catalogación de la Biblioteca del Congreso

Markovics, Joyce L., author.
  [Tsunami. Spanish]
  Tsunami / por Joyce Markovics ; consultor: Paul Whitmore, Director Centro Nacional de Aviso de
Tsunamis de la Administración Atmosférica y Océanica Nacional.
      pages cm. — ¡Qué Desastre!
  Includes bibliographical references and index.
  ISBN-13: 978-1-62724-248-6 (library binding)
  ISBN-10: 1-62724-248-1 (library binding)
  1. Tsunamis—Juvenile literature. I. Title.
  GC221.5.M36 2014
  551.46'37—dc23
                      2013044161

Para más información, escriba a Bearport Publishing Company, Inc., 45 West 21st Street, Suite 3B,
New York, New York 10010. Impreso en los Estados Unidos de América.

10 9 8 7 6 5 4 3 2

CONTENIDO

TSUNAMIS

¡Fffffffff!

Una ola enorme se dirige a la playa.

¡Se acerca un **tsunami**!

Tsunami es una palabra japonesa. Quiere decir "ola del **puerto**".

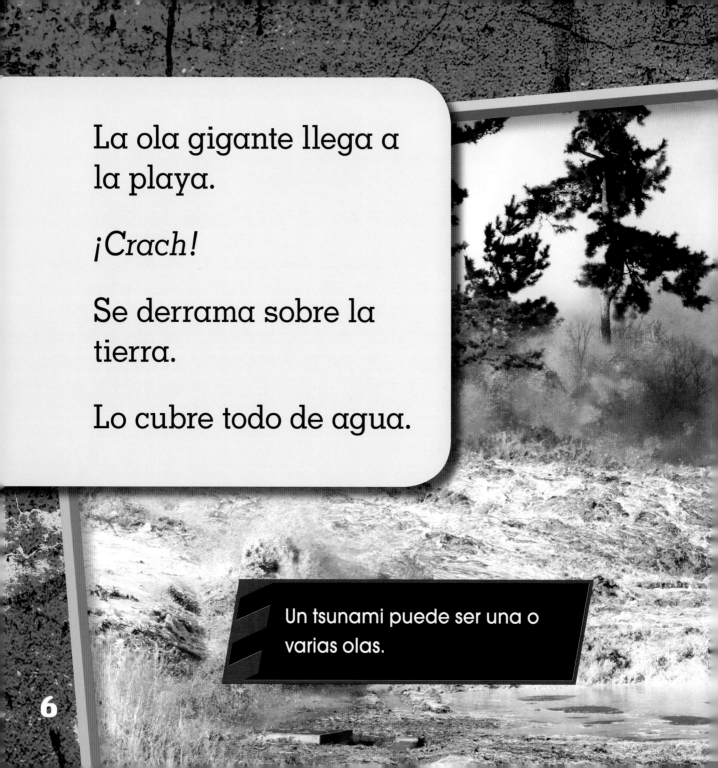

La ola gigante llega a la playa.

¡Crach!

Se derrama sobre la tierra.

Lo cubre todo de agua.

Un tsunami puede ser una o varias olas.

El viento forma la mayoría de las olas.

Los tsunamis son diferentes.

Casi siempre son causados por **terremotos**.

Alrededor del 80% de los tsunamis ocurren en el océano Pacífico.

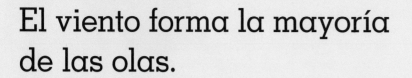

OCÉANO ÁRTICO

Asia

América del Norte

OCÉANO ATLÁNTICO

OCÉANO PACÍFICO

OCÉANO ÍNDICO

Australia

América del Sur

N O E S

OCÉANO ANTÁRTICO

Antártida

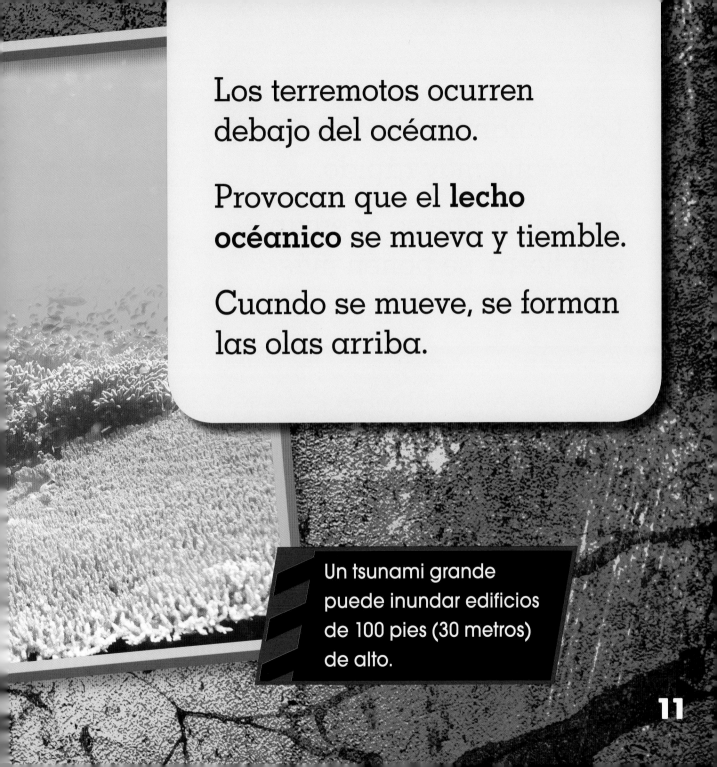

Los terremotos ocurren debajo del océano.

Provocan que el **lecho océanico** se mueva y tiemble.

Cuando se mueve, se forman las olas arriba.

Un tsunami grande puede inundar edificios de 100 pies (30 metros) de alto.

11

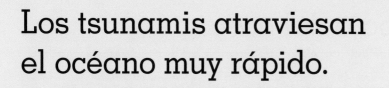

Los tsunamis atraviesan el océano muy rápido.

A medida que se acercan a la tierra, se ponen más grandes.

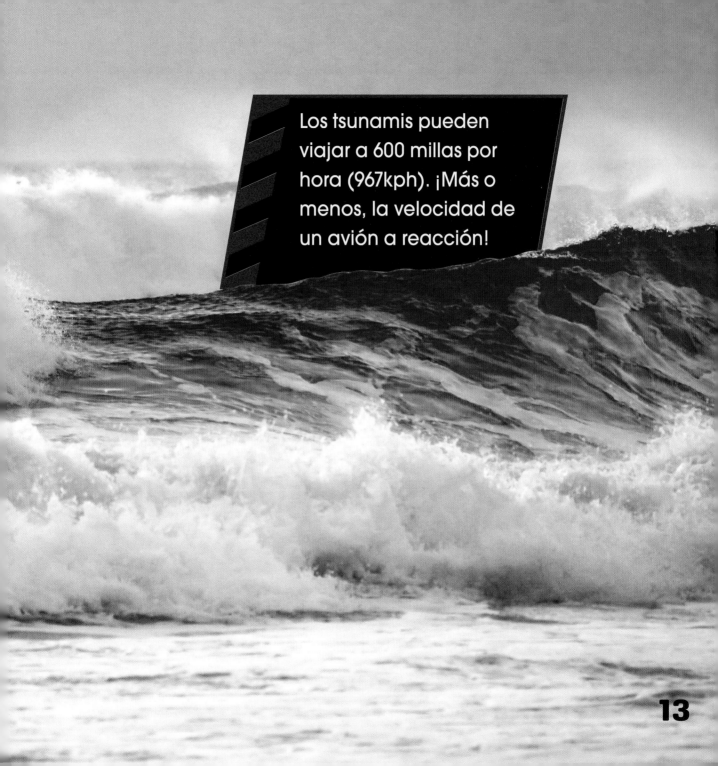

Los tsunamis pueden viajar a 600 millas por hora (967kph). ¡Más o menos, la velocidad de un avión a reacción!

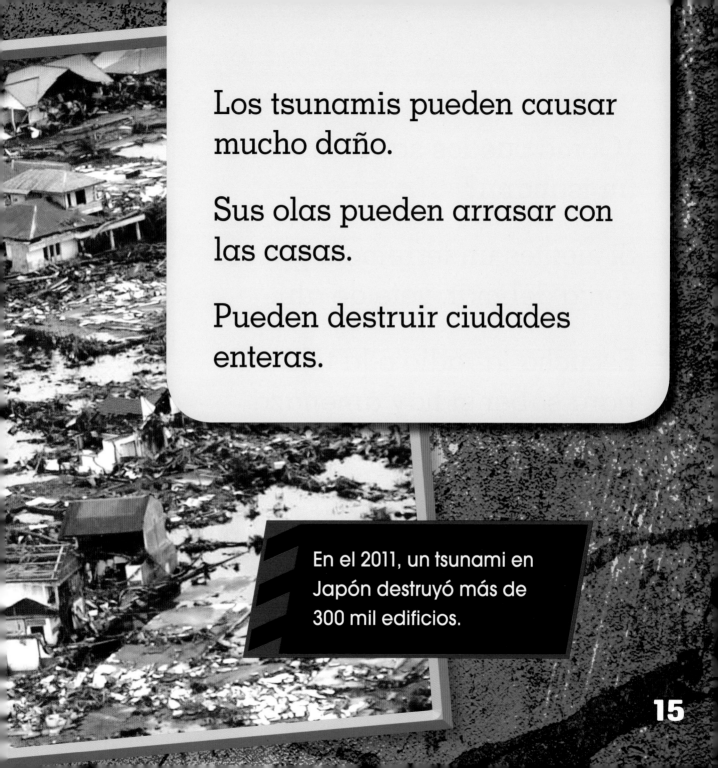

Los tsunamis pueden causar mucho daño.

Sus olas pueden arrasar con las casas.

Pueden destruir ciudades enteras.

En el 2011, un tsunami en Japón destruyó más de 300 mil edificios.

¿Cómo puedes saber si viene un tsunami?

Si sientes un terremoto y vives cerca del mar, vete de ahí.

Escucha la radio o la tele para saber si hay amenaza de tsunami.

Si ves que el agua de la playa retrocede, ten cuidado. Es posible que se acerque un tsunami.

Para mantenerte a salvo, aléjate del mar.

Ve a un lugar más alto.

Es posible que sólo tengas unos minutos para escapar.

Si estás en un edificio alto, sube al piso más alto. Ahí es más difícil que un tsunami te alcance.

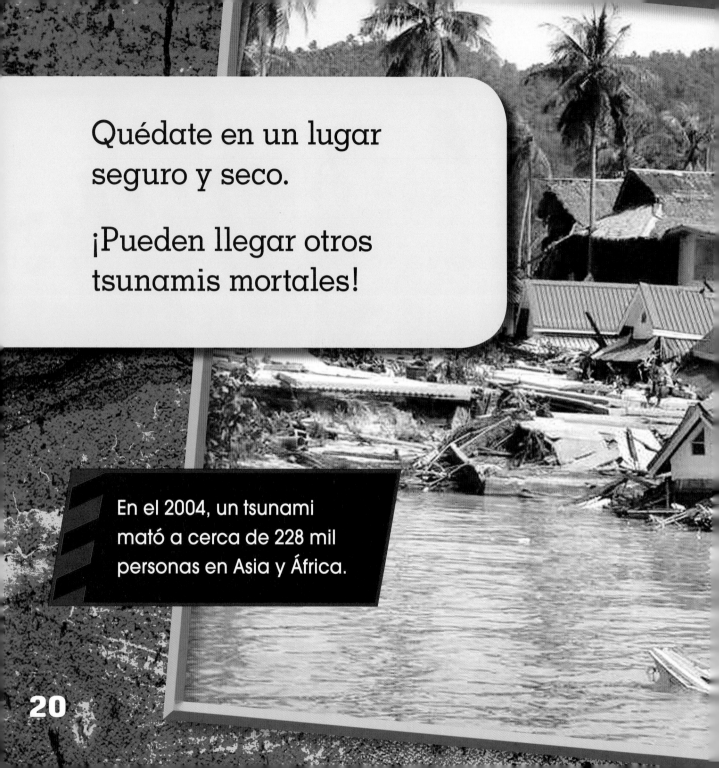

Quédate en un lugar seguro y seco.

¡Pueden llegar otros tsunamis mortales!

En el 2004, un tsunami mató a cerca de 228 mil personas en Asia y África.

DATOS SOBRE LOS TSUNAMIS

- Los tsunamis pueden viajar muchas millas por tierra. Pueden inundar áreas enormes.

- Hawái tiene más tsunamis que cualquier otro estado de Estados Unidos: alrededor de uno al año.

- Un tsunami que ocurrió en Alaska en 1958 tenía 1700 pies (518 m) de alto. ¡Más alto que el edificio Empire State!

GLOSARIO

terremotos: temblores de tierra causados por el movimiento súbito de rocas debajo de la superficie terrestre

puerto: un área de agua cerca de la costa donde los barcos pueden anclar y descargar mercancías

lecho océanico: el fondo del océano

tsunami: un grupo de olas normalmente causadas por un terremoto que ocurre debajo del agua

23

ÍNDICE

LEE MÁS

Park, Louise. *Tsunamis (Natural Disasters).* North Mankato, MN: Smart Apple Media (2008).

Stiefel, Chana. *Tsunamis (A True Book).* New York: Children's Press (2009).

LEE MÁS EN INTERNET

Para saber más sobre tsunamis, visita
www.bearportpublishing.com/ItsaDisaster!

ACERCA DE LA AUTORA

Joyce Markovics vive junto al río Hudson, en
Tarrytown, Nueva York, lejos del alcance de
los espantosos tsunamis.

6/18 ① 1/17